AF319836

RAPPORT

A L'ACADÉMIE DE MÉDECINE

SUR LES

PROJETS DE RÉFORME

RELATIFS A LA

LÉGISLATION SUR LES ALIÉNÉS

AU NOM D'UNE COMMISSION COMPOSÉE DE

MM. BAILLARGER, BROUARDEL, LUNIER, LUYS, MESNET et
BLANCHE, rapporteur.

TRAVAIL LU A L'ACADÉMIE DE MÉDECINE DANS SA SÉANCE
DU 22 JANVIER 1884.

PARIS

G. MASSON, ÉDITEUR

LIBRAIRE DE L'ACADÉMIE DE MÉDECINE

BOULEVARD SAINT-GERMAIN, 120

1884

RAPPORT

A L'ACADÉMIE DE MÉDECINE

SUR LES

PROJETS DE RÉFORME

RELATIFS A LA

LÉGISLATION SUR LES ALIÉNÉS

AU NOM D'UNE COMMISSION COMPOSÉE DE

MM. BAILLARGER, BROUARDEL, LUNIER, LUYS, MESNET et BLANCHE, rapporteur.

TRAVAIL LU A L'ACADÉMIE DE MÉDECINE DANS SA SÉANCE
DU 22 JANVIER 1884.

PARIS

G. MASSON, ÉDITEUR

LIBRAIRE DE L'ACADÉMIE DE MÉDECINE

BOULEVARD SAINT-GERMAIN, 120

—

1884

Imprimeries réunies, A, rue Mignon, 2, Paris.

PROJETS DE RÉFORME

RELATIFS A LA

LÉGISLATION SUR LES ALIÉNÉS

La commission du Sénat, chargée de l'examen du projet de loi sur les aliénés, a demandé à l'Académie de médecine de mettre cette question à son ordre du jour. L'Académie a pensé que la discussion serait plus féconde en enseignements si on l'engageait sur un rapport élaboré par une commission. Les membres désignés pour faire partie de cette commission sont : MM. Baillarger, Luys, Brouardel, Lunier, Mesnet, et Blanche, élu secrétaire-rapporteur. C'est donc en son nom que j'ai l'honneur de venir vous faire connaître le résultat de ses travaux, et je suis heureux de pouvoir vous dire que, sur tous les points, c'est à l'unanimité qu'ont été adoptées les résolutions qui vont être soumises à votre jugement et à votre approbation.

Jusque vers la fin du siècle dernier, les aliénés étaient rarement traités comme des malades. Si dans certaines contrées, les croyances religieuses leur garantissaient une liberté absolue et une protection unanimement admise et pratiquée, dans d'autres pays on ne voyait en eux que les périls qui pouvaient résulter de leurs aberrations ou de leurs accès de fureur, et on les tenait renfermés comme des êtres dangereux, envers lesquels la société remplissait son devoir en les empêchant de mourir de faim ou de froid, et surtout en les mettant dans l'impossibilité de nuire à autrui.

Ce sera l'éternel honneur d'un médecin français, de Pinel, d'avoir réussi à rendre aux aliénés leur dignité d'hommes, et de leur avoir assuré les soins auxquels ils avaient droit comme malades.

Les aliénés sont, en effet, des malades, et à ce titre ils relèvent tout d'abord et presque complètement de la médecine ; mais la nature de leur mal les rendant incapables de se gouverner et de se protéger eux-mêmes, de gérer leurs biens, de veiller à leurs intérêts, et les ramenant à l'état de mineurs pendant la durée de leur maladie, ils relèvent nécessairement aussi de la justice.

Si la folie ne réclamait, comme les autres maladies, qu'un traitement [purement médical, dans les conditions de la vie ordinaire, la famille pourrait y pourvoir seule avec le concours du médecin, mais telle n'est pas la situation.

Alors même que les circonstances permettent de ne pas avoir recours au placement de l'aliéné dans un asile spécial, et de le soigner en famille, il n'en doit pas moins être privé partiellement, au moins, de sa liberté ; soit qu'on puisse le laisser dans son propre intérieur, soit qu'on l'installe dans une maison sous la garde de parents ou d'amis, il ne conservera que pour le monde l'apparence de la vie libre, mais, en réalité, il sera soumis à une véritable séquestration, séquestration légitime, strictement commandée par l'intérêt de sa sécurité, par les exigences du traitement d'où dépend la guérison, mais enfin séquestration, c'est-à-dire privation de sa liberté et de l'exercice de ses droits.

Or, toutes les fois qu'il est porté atteinte à la liberté individuelle, la justice, qui seule a le pouvoir d'en disposer, doit nécessairement intervenir. C'est là un principe, une vérité, que nul ne saurait méconnaître, devant qui chacun doit s'incliner.

Il est d'ailleurs de stricte équité de reconnaître que si la justice réclame l'exercice des droits qui lui appartiennent, dont elle a la garde, et qui lui créent des devoirs, ces devoirs, elle demande à les remplir avec le concours de la médecine. Ainsi que cela ressortait déjà des dispositions de la loi de 1838, et ainsi que c'est également établi par le nouveau projet de loi, dans toutes les mesures relatives aux aliénés, le rôle prépondérant est celui du médecin. C'est le médecin qui constate la maladie, qui indique ce qu'exige la sécurité du malade en même temps que la protection de ses intérêts, et qui décide du placement dans l'asile, ainsi que de la possibilité de la mise en liberté.

Si, à l'avenir, et dans un petit nombre de cas, ce ne sera plus le médecin de l'asile qui seul aura pouvoir de statuer sur la sortie des aliénés dits criminels ou de ceux réputés dangereux, ce sera cependant toujours et obligatoirement sur l'avis d'un médecin que la sortie sera accordée ou refusée

Il est donc incontestable que la justice laisse la première place à la médecine, tout en maintenant le principe de la nécessité de son intervention dans toutes les questions de liberté individuelle.

La loi du 30 juin 1838 en a été la consécration pour ce qui concerne les aliénés. Malgré le bien immense que cette loi a réalisé, il n'en est peut-être pas une autre qui ait été l'objet d'attaques aussi vives et aussi nombreuses ; ce n'est pas à dire qu'elle réponde entièrement aujourd'hui à tous les besoins, et qu'il n'y ait pas utilité à la modifier et à la compléter en certains points, tout en déclarant que l'ordonnance du 18 décembre 1839, qui en est le complément, contient les dispositions les plus sages au point de vue de l'organisation, de la direction, de la gestion des asiles, et des mesures de surveillance judiciaire et administrative. Ce dont on l'accuse, c'est de ne pas garantir suffisamment la liberté individuelle, et cependant, depuis qu'elle fonctionne, on ne peut citer un cas véridique de placement arbitraire et non justifié d'un aliéné dans un asile spécial.

Quoi qu'il en soit, l'opinion publique, égarée par le récit de faits faux ou inexactement représentés, a pesé sur les divers gouvernements qui se sont succédé, et a exigé qu'il fût donné satisfaction au vœu exprimé de plus en plus énergiquement de voir réformée la législation des aliénés.

De là est né le projet de loi actuellement présenté au Parlement, et qui a été préparé par les études d'une commission composée de sénateurs, de députés, de magistrats, d'administrateurs et de médecins.

Les débats de cette commission ont été aussi consciencieux qu'approfondis. Nos confrères ont eu à soutenir la lutte contre des convictions dont on ne saurait mettre en doute la sincérité, et si nos remerciements doivent d'abord être pour eux, nous devons aussi remercier les autres membres de la commission des concessions qu'ils ont faites, et qui ont permis d'accomplir une œuvre pleine de difficultés et d'approcher du but, en proposant de nouvelles garanties de la liberté individuelle, sans faire subir de véritable sacrifice à l'intérêt des malades, et en ne touchant qu'avec une discrétion relative aux droits de la famille que le projet de loi maintient et cherche seulement à régler dans leur exercice et leur application.

Ces préliminaires établis, nous avons examiné successivement tous les articles du projet de loi ; mais dans l'exposé que je vais mettre sous vos yeux, je m'attacherai principalement aux dispositions qui diffèrent de celles de la loi de 1838, ou qui en sont le comp'ément.

Dès le titre premier, nous rencontrons une disposition toute nouvelle et de la plus grande importance, dans le second paragraphe de l'article 3.

Ce second paragraphe de l'article 3 est ainsi conçu :

« Sous le rapport de la surveillance, est assimilée aux asiles privés toute maison où un aliéné est traité, même seul, à moins que le tuteur, le conjoint, l'un des ascendants, ou l'un des collatéraux jusqu'au quatrième degré inclusivement, du malade, n'ait son domicile dans la même maison et ne préside personnellement aux soins qui lui sont donnés. »

La commission du Sénat propose d'élargir encore cette nouvelle prescription de la loi, et d'étendre la surveillance officielle à l'aliéné traité dans sa famille, ou chez son tuteur.

Sous le régime de la législation actuelle, il est loisible aux parents ou au tuteur, ou même aux amis d'un aliéné, de le faire traiter dans son propre domicile, ou de l'installer dans une maison choisie à cet effet, avec un personnel approprié, sans avoir à faire aucune déclaration à l'autorité publique, et, par conséquent, sans être soumis à aucun contrôle judiciaire ou administratif.

Cette liberté absolue peut se justifier par des considérations de l'ordre le plus respectable.

Si parmi les maladies il en est que l'on croit n'avoir aucun intérêt à cacher et dont on parle ouvertement, parce qu'il est admis qu'elles ne créent aucune infériorité à ceux qui en sont atteints, il en est d'autres qui entraînent avec elles desconséquences physiques et morales sur lesquelles l'opinion publique a l'attention éveillée et porte des jugements, ou plutôt des arrêts, souvent aussi funestes que peu fondés. De là les précautions prises par les familles pour en cacher l'existence, ou tout au moins la nature et la gravité; de là également l'obligation imposée au médecin d'observer le silence le plus complet sur les malades qu'il soigne.

De ces maladies que l'on cherche à tenir cachées, la folie est assurément celle pour laquelle on s'applique le plus à éviter la publicité, tant on redoute sa marque indélébile.

Est-ce agir avec une vraie et stricte honnêteté?

En bonne morale, a-t-on le droit, dans les relations de société et de famille, de laisser ignorer rien de ce qui peut influer sur une détermination, ou modifier un projet?

Incontestablement non; mais, en matière de maladies, il est permis de se dire, pour se justifier, qu'il manque un élément de certitude mathématique, que les cas les plus analogues ne sont jamais complètement identiques, que les effets du mal ne seraient peut-être pas dans celui-ci ce qu'ils ont été ou ce qu'ils pourraient être dans celui-là, et la conscience finit par s'accorder avec les sentiments. Ces angoisses pour l'avenir d'un être chéri dominent même le chagrin de la maladie présente; la maladie, on va la soigner, on la guérira, qui en pourrait douter? mais, plus tard, si on savait? Alors on loue un pavillon dans un jardin, le médecin est prêt, on se procure des gardiens, le malade est installé, et quand la crise sera passée, sans laisser de traces, il rentrera intact dans la vie ordinaire.

C'est ainsi que les choses ont lieu maintenant.

Quand le malade ne peut demeurer dans sa famille, si c'est un homme, on le met à la campagne; si c'est une femme, ou surtout une jeune fille atteinte d'un de ces accès de folie passagère que l'on observe à l'âge de la puberté, on la place dans une maison religieuse où il existe de plus grandes garanties de surveillance.

Cet état de choses offre assurément de précieux avantages; les soins donnés sont à la fois éclairés et affectueux; tout est donc concilié, et si, au bien-être du malade, au respect de la réputation de son intelligence, on ajoute la satisfaction ressentie par la famille d'une tâche aussi heureusement remplie, il semble que la loi n'ait nul besoin d'intervenir en semblables occurrences. Mais hélas! dans ce monde, il faut toujours compter avec les mauvaises passions.

Un être privé de raison peut devenir l'objet de coupables spéculations, d'odieuses convoitises, de la part de ceux-là mêmes qui lui devraient leur protection, et auxquels il est livré sans défense.

Tantôt ce sont des parents, tantôt d'anciens serviteurs devenus d'abord gens de confiance, puis les vrais maîtres de la maison, qui s'emparent du malheureux aliéné, du vieillard tombé en démence, qui établissent autour de lui un cercle infranchissable, disposent à leur gré de sa personne et de ses biens, et commettent une véritable séquestration que la loi a le devoir d'empêcher et de punir.

Nous approuvons donc, en principe, la disposition du nouveau projet de loi, qui rendra obligatoire pour les aliénés soignés en dehors des asiles comme pour ceux qui y sont internés, la surveillance protectrice de l'autorité publique.

Nous y voyons des garanties équitables, dont l'application pourra d'ailleurs n'être ni trop difficile ni vexatoire, si on animé de part et d'autre d'intentions conciliantes, si on réussit à simplifier la procédure et si on ne touche que d'une main délicate et respectueuse aux sentiments les plus intimes du cœur humain.

Ce n'est pas à nous, simples médecins, qu'il appartient d'en réglementer l'application ; c'est aux médecins législateurs que revient cette charge, et par la lecture que nous a faite récemcemment notre très honoré confrère, le docteur Foville, inspecteur général du service des aliénés, vous avez pu juger de l'intelligence, du soin, de l'attention, qu'il a apportés à l'étude de cette grave question, de concert avec les membres de la commission du Sénat ; nous pouvons donc attendre un bon résultat de tous ces efforts unis dans la même pensée du bien.

Il est encore un autre moyen pour les familles d'échapper à la publicité relative du traitement dans l'asile, c'est de placer l'aliéné à l'étranger. Il nous semblerait utile d'ajouter au projet de loi un article prescrivant que, dans ce cas, le certificat d'admission dût être délivré par un médecin français et transmis au procureur de la République de la résidence de l'aliéné, avec l'indication de l'asile dans lequel celui-ci sera placé.

Des autres articles du titre premier, qui sont d'ordre administratif, nous mentionnerons l'article 8 et l'article 12.

Dans l'article 8, il est dit que le ministre de l'intérieur pourra toujours ordonner la réunion des fonctions de directeur avec celles de médecin. Cette réunion des fonctions de directeur et de médecin dans les mêmes mains a des partisans et des adversaires.

Nous ne discuterons pas longuement les arguments en faveur de l'une ou l'autre thèse; nous nous bornerons à envisager la question au point de vue de l'intérêt des malades.

Or, il est incontestable que les malades doivent être mieux soignés dans un établissement où il y a unité de direction, et, comme à nos yeux le médecin doit avoir l'autorité suprême dans l'asile, nous estimons qu'il y a tout avantage pour le bien du service à ce que le médecin soit en même temps le directeur, et qu'ainsi soient rendus impossibles les conflits trop fréquents entre les deux autorités dont les tendances sont parfois en opposition les unes avec les autres, et dont l'antagonisme crée des tiraillements préjudiciables au traitement des malades et au bon ordre de l'asile.

L'article 12 énumère tous les magistrats et fonctionnaires chargés de l'inspection des asiles publics ou privés, fixe le nombre des visites auxquelles ils seront astreints, et assimile, sous le rapport de la surveillance, aux asiles publics et privés toute maison où un aliéné est traité, même seul. Dans ce dernier cas, l'inspection nous paraîtrait devoir être uniquement confiée au procureur de la République, et nous demanderions aussi que l'on restreignit le nombre des personnages officiels auxquels le projet de loi donne la charge ou l'autorisation d'inspecter les asiles. Ne doit-on pas craindre, en effet, que la dignité du médecin ne soit incessamment froissée par ces visites multipliées et inquisitoriales, manifestement inspirées par le manque de confiance en son aptitude ou son honnêteté? car c'est ainsi qu'elles seront certainement interprétées par tout le personnel de l'asile, et elles feront constamment échec à son autorité morale. Mais sans trop insister sur ce point, il est de notre devoir de dire que la tranquillité des malades en sera profondément troublée, et nous l'affirmons en nous appuyant sur l'expérience des effets produits par les visites officielles, telles qu'elles ont lieu aujourd'hui, et qui, bien que beaucoup moins nombreuses, sont cependant une cause d'émotion peu salutaire.

Nous arrivons maintenant au titre II, dont les deux premières sections traitent des placements faits dans les asiles d'aliénés, placements dits *volontaires*, c'est-à-dire faits par la volonté de parents ou d'amis, placements dits *d'office*, c'est-à-dire ordonnés par l'autorité publique.

C'est ici que se trouve, suivant les propres termes de l'exposé des motifs, l'innovation essentielle du projet de loi, et qu'éclate la préoccupation dominante de ses inspirateurs, c'est-à-dire l'intention formelle de faire intervenir le plus possible l'autorité judiciaire dans le placement des aliénés, parce que ce placement, indispensable comme moyen de traitement, entraîne la privation, si courte soit-elle, de la liberté individuelle.

Cette préoccupation était si vive, qu'il a fallu aux médecins, membres de la commission, une grande énergie pour obtenir, dans l'intérêt des malades, que l'intervention de la justice ne précédât pas le placement dans l'asile et ne s'exerçât qu'après.

Cette victoire est d'une importance capitale. Examinons maintenant à quelles conditions elle a été remportée.

Avec la loi de 1838, le certificat d'un seul médecin était suffisant pour l'admission d'un aliéné dans l'asile.

Avec la loi nouvelle, il faudra un certificat signé de deux médecins, ou deux certificats séparés signés chacun d'un médecin.

Dans certains cas, cette obligation d'être muni de l'avis de deux médecins offrira de réelles difficultés, par exemple dans les localités où il n'y a qu'un médecin, et lorsqu'il faudra aller en quérir un second à une distance plus ou moins longue ; comme encore lorsqu'il s'agira de gens peu fortunés ne pouvant payer d'honoraires, et qui, obligés de frapper à deux portes, ne seraient pas accueillis avec une charité égale à l'une et à l'autre ; n'est-il pas à craindre aussi que ces obligations nouvelles ne créent chez nous des abus qui existent dans un pays voisin auquel le projet de loi emprunte cette innovation, et qu'il ne se forme une classe de médecins dont la fonction consistera à donner cette seconde signature sur la remise d'honoraires et sans autre peine que celle de signer un certificat déjà signé par un confrère, un peu à la façon de ce qui se passe entre notaires qui sont censés être toujours deux à instrumenter?

Nous ne voulons que signaler en passant ce danger auquel il serait peut-être possible d'obvier par un article additionnel, où serait indiqué dans quelles conditions de situation professionnelle devraient être les médecins dont on pourrait demander l'avis, à titre de consultants, car ce serait une véritable consultation entre le médecin du malade à qui l'initiative appartient naturellement et le second médecin appelé par lui ou par la famille.

N'en faudrait-il pas également un pour faciliter les admissions dans les cas urgents? car, malgré le silence du projet de loi à ce sujet, nous considérons comme tout à fait nécessaire qu'on puisse pourvoir au plus pressé en internant le malade, même avec un seul certificat médical, sauf à appeler, aussitôt après l'entrée, un médecin étranger à l'établissement, à lui demander de constater l'état du malade et à lui faire délivrer le second certificat exigé par la loi.

Nous devons demander aussi une clause spéciale pour le cas qui n'est pas extrêmement rare d'un malade venant de lui-même, et sans être accompagné d'un parent ou d'un ami, demander à être admis dans l'asile parce qu'il sent que sa raison se trouble, qu'il n'est plus complètement maître de lui-même et qu'il a besoin de protection et de surveillance contre ses impulsions délirantes.

Ici encore le médecin ne doit-il pas être autorisé à recevoir d'abord le malade, sauf à faire constater son é ' mental aussi promptement que possible et conformément aux prescriptions légales?

Cette question, toute d'humanité, ne nous semble pas pouvoir être résolue dans un autre sens.

Sous ces réserves, nous admettons le double certificat d'admission, et nous approuvons absolument les recommandations faites aux médecins d'affirmer qu'ils ont vu eux-mêmes le malade à une date récente et d'exposer avec détails les symptômes et les phases de la maladie, ainsi que les motifs qui rendent l'internement nécessaire.

Nous voudrions que l'on ajoutât : « En insistant principalement sur la nécessité d'une surveillance rigoureuse, en cas de
tendance au suicide ou à l'homicide. »

C'est pour bien indiquer le développement à donner à ce
document que dans le projet de loi le mot *rapport* a été substi-
tué au mot *certificat*, et en ajoutant *adressé au procureur de la
République*, on a voulu rendre palpable la nécessité du recours
à la justice.

Voilà l'aliéné entré dans l'asile. Aujourd'hui, avec la loi actuelle, le médecin de l'établissement fait un certificat qu'il
adresse aussitôt, avec le bulletin d'entrée, à la préfecture. S'il
s'agit d'un asile privé, un médecin-inspecteur vient constater
l'état du malade ainsi que la légitimité du placement, et fait
un rapport au préfet, concluant à la nécessité de maintenir le
malade ou à la possibilité de lui rendre la liberté.

Le placement est alors immédiatement définitif.

A l'avenir, si le projet de loi n'est pas modifié, le placement
ne sera d'abord que provisoire; le malade devra être placé
dans un quartier d'observation séparé des autres parties de
l'établissement, et dans les vingt quatre heures qui suivent, le
directeur devra adresser le bulletin d'entrée, accompagné de
la copie des rapports médicaux d'admission, du certificat du
médecin de l'asile dit de vingt-quatre heures : 1° au préfet du
département où l'établissement est situé; 2° au procureur de
la République de l'arrondissement du domicile de la personne
placée; 3° au procureur de la République de l'arrondissement
où l'établissement est situé.

La visite faite actuellement par le médecin-inspecteur sera
dorénavant remplacée par la visite du procureur de la République, lequel, dans les trois jours de la réception des
pièces, sera tenu de se rendre dans l'établissement, assisté
d'un docteur en médecine choisi par lui, et d'y interroger la
personne placée. S'il le juge nécessaire, il procède ou fait procéder à une enquête sur sa situation de famille, sur ses antécédents, sur les circonstances d'où est résultée la nécessité du
placement. Il adresse ensuite, à bref délai, ses réquisitions
écrites à la chambre du conseil, qui statue d'urgence sur le
maintien à titre définitif ou la sortie de la personne placée. La
décision de la chambre du conseil sera notifiée sur-le-champ

au préfet et au directeur de l'établissement. Cette notification aura lieu, dans tous les cas, avant l'expiration d'un mois, à partir du placement provisoire.

Ainsi, pendant un espace de temps qui pourra être d'un mois, le placement pourra n'être que provisoire, et ne devenir définitif qu'après l'accomplissement de toutes les mesures ci-dessus énoncées.

A MM. les magistrats du parquet nous laissons le soin de donner leur opinion, non sur le surcroît de travail que leur imposera la nouvelle loi, on ne saurait douter de leur zèle et de leur dévouement, mais sur la possibilité matérielle de remplir leurs nouveaux devoirs. Il y a dans des pays, sans chemins de fer, des asiles situés à 20, 25 et 30 kilomètres du siège du tribunal, et où, pour la plupart, le nombre des admissions annuelles est considérable. On peut se représenter la fréquence et la longueur des déplacements et des visites, puisque dorénavant, comme nous le verrons bientôt, les placements d'office, de beaucoup les plus nombreux, seront soumis, eux aussi, aux constatations judiciaires consécutives à l'entrée du malade dans l'asile. De plus, le magistrat ne sera pas seul; il devra être accompagné par un médecin. Celui-ci ne pourra pas être, au point de vue de l'autorité de ses avis, un praticien novice, libre de son temps par manque de clientèle; on devra nécessairement choisir un homme d'expérience, ayant acquis de la notoriété et une situation; comment, déjà surchargé d'occupations, pourra-t-il en accepter d'autres qui absorberaient à elles seules presque toutes ses journées?

A Paris et dans les grandes villes, le procureur de la République ne sera pas embarrassé pour trouver des médecins compétents, médecins des hôpitaux, membres de l'Académie, médecins-inspecteurs des préfectures, mais pour un certain nombre de localités et d'asiles, on se heurtera à de grandes difficultés pratiques. Nous devons aussi mentionner incidemment l'augmentation sérieuse de dépenses créée par ce nouveau mode d'inspection, tant pour l'État que pour les départements.

Mais c'est sur d'autres points que nous insisterons davantage, en restant toujours sur le terrain de la médecine.

Il est dit que les malades, à leur entrée, seront placés dans des quartiers d'observation, séparés des autres parties de l'établissement. Le placement n'étant fait qu'à titre provisoire, l'installation matérielle doit aussi n'être que provisoire ; c'est logique. Pour que la loi fût exécutée strictement, il faudrait donc qu'il y eût dans chaque asile un autre asile de proportions moindres, mais contenant les mêmes divisions d'hommes et de femmes, de tranquilles et d'agités, de paralytiques, de déments, etc., avec des services généraux à son usage exclusif ; car, ne l'oublions pas, le provisoire pourra durer un mois, et il est impossible que, pendant un laps de temps aussi long, les malades ne soient pas logés conformément à leur état et entourés de tous les moyens de traitement qui sont surtout nécessaires et efficaces dans la période aiguë du mal. Nous ne nions pas qu'on ne puisse réaliser cet asile en miniature dans l'enceinte d'un grand asile ; mais nous estimons que ce sera impossible pour les petits asiles, publics ou privés.

Ce n'est pas que nous contestions qu'il puisse y avoir parfois avantage à ce que les nouveaux arrivants ne soient pas introduits immédiatement parmi les autres malades ; nous affirmons toutefois qu'à envisager exclusivement l'intérêt des malades, ce n'est qu'exceptionnellement que cette installation provisoire sera réellement utile, et que, le plus habituellement, l'aliéné n'éprouve aucune émotion pénible ou dangereuse en se voyant transporté au milieu d'autres aliénés. Le premier effet produit est, au contraire, presque toujours le retour momentané à une lucidité et à un calme relatifs ; voilà ce qu'enseigne l'expérience, comme elle apprend aussi que la solitude est souvent moins bien supportée que la vie en commun ; or, dans l'asile provisoire, il arriverait souvent qu'une division ne renfermerait qu'un ou deux hôtes. Tout en reconnaissant donc l'utilité possible de l'installation provisoire dans certains cas, nous trouvons que la prescription de la loi, telle qu'elle est formulée, est beaucoup trop absolue, et que le législateur devrait se borner à recommander que les malades entrants ne soient pas mis au contact des autres malades lorsque ce contact pourrait offrir des inconvénients, ou qu'il peut y avoir un doute sur l'état mental du nouvel arrivant. C'est ainsi, d'ailleurs, que cela se pratique actuellement, sans que ce soit une obligation légale, et nous pensons qu'un pavillon dit d'admission, séparé en deux parties, pour les hommes et les femmes, renfermant quelques chambres et deux promenoirs, serait suffisant pour satisfaire à la loi, dans les cas où cette prescription offrirait des avantages.

Et d'ailleurs, à bien envisager les choses, le malade placé à titre provisoire en sera-t-il moins interné dans un asile d'aliénés? en sera-t-il moins privé de sa liberté? S'il n'est pas entouré d'autres aliénés, s'il n'a pas sous les yeux la preuve matérielle qu'il est dans une maison de fous, cette preuve en sera-t-elle moins faite pour lui du moment où il demandera à sortir, à retourner chez lui, et où on le lui refusera? En même temps, ne sera-t-il pas inscrit comme étant atteint d'aliénation mentale? Que ce soit à titre provisoire ou à titre définitif, qu'importe? Il en a dès à présent la marque ineffaçable, car, en supposant que le placement ne soit pas maintenu, il n'en a pas moins été effectué. S'il arrive que les constatations judiciaires établissent à la fois que le placement a été légitime et qu'il n'est pas nécessaire de le maintenir, quel bénéfice en retirera le malade? S'il se présentait, il est vrai, que le placement fût reconnu arbitraire et non justifié, ce qui n'a pas eu lieu une seule fois sous le régime de la loi de 1838, le malade pourrait porter une plainte en séquestration arbitraire; mais cette faculté, il l'a maintenant; dès la première minute de son entrée dans l'asile, il a le droit, toujours respecté par les chefs d'établissement, d'écrire à toutes les autorités judiciaires et administratives; en quelques heures, en un jour au plus, sa réclamation est parvenue à qui de droit, et on peut immédiatement envoyer la contrôler. Avec le régime à venir, un délai de trois jours est accordé au magistrat pour faire sa visite; il y aurait donc plus de lenteur avec le nouveau système qu'avec l'ancien, sans qu'il nous apparaisse que la procédure proposée soit préférable à celle qu'elle doit remplacer.

Enfin, si, comme nous n'en doutons pas, l'article 15 est maintenu dans son principe essentiel, nous ne bornerons pas là nos observations: nous demanderons des modifications très importantes qui en atténueraient les inconvénients.

Ainsi, nous voudrions que le procureur de la République, lors de la visite qu'il fait à un malade entrant, fût autorisé, dans le cas où il serait complètement édifié sur la nécessité de maintenir le placement, à le déclarer immédiatement définitif, sauf à en référer ensuite à la chambre du conseil. Ce serait un moyen d'éviter le plus souvent les inconvénients d'un état provisoire prolongé, car ce serait de beaucoup le plus habituel.

Nous trouverions également qu'il serait plus équitable, sauf les cas où une enquête serait jugée nécessaire, de n'informer le procureur de la République de l'arrondissement de la résidence de l'aliéné que lorsque le placement aurait été définitif, afin d'épargner à l'aliéné placé provisoirement et non maintenu la publicité, si restreinte fût-elle, qui pourrait lui nuire dans son pays.

Quant à la latitude d'un mois accordée à la chambre du conseil pour statuer sur le maintien à titre définitif ou la sortie de la personne placée, elle nous paraît excessive, et nous voudrions qu'elle fût réduite à quinze jours.

Quelle sera, en effet, la situation civile de l'aliéné pendant cette période provisoire ? S'il était à la tête d'une grande industrie, s'il avait la gestion et la responsabilité d'intérêts considérables, peut-être plus encore, s'il avait seul la direction d'une maison modeste, dont les profits subvenaient étroitement aux besoins de sa famille, le privera-t-on immédiatement de tous ses droits, alors qu'il pourrait les recouvrer quelques jours plus tard dans le cas de sa mise en liberté ? Introduirat-on pour une ou deux semaines, ou même moins, un étranger dans la connaissance et l'administration de ses affaires ? Et cependant, étant placé dans un asile d'aliénés, il ne pourra valablement signer un acte quelconque, donner une procuration, veiller à sa fortune et aux intérêts qui lui sont confiés.

Ce sont là, il nous semble, des arguments qui ne sont pas sans valeur à l'appui des modifications que nous réclamons dans la procédure nécessaire pour rendre définitif le placement provisoire.

Les autres articles de cette première section du titre II exposent les diverses formalités exigées pour la sortie de l'aliéné de l'asile. Nous ne traiterons cette question de la sortie qu'après avoir examiné les modes de placement autres que les placements volontaires ; nous éviterons ainsi des répétitions, et l'exposé y gagnera en clarté.

Nous passons donc tout de suite à l'examen de la section II, qui traite des *placements ordonnés par l'autorité publique.* Nous trouvons ici quelques modifications importantes et heureuses à l'état de choses actuel.

Les arrêtés de placement pris par les préfets devront recevoir leur exécution dans un délai de quinze jours, et les malades, déposés provisoirement dans les hôpitaux et hospices civils ordinaires, ne devront pas y séjourner plus de deux semaines, à moins d'un cas de force majeure pour lequel il faudra demander une autorisation motivée du préfet.

Ces dispositions ont pour but d'assurer aux aliénés, dans le plus bref délai possible, les soins spéciaux que réclame leur état.

D'après la loi de 1838, les préfets peuvent ordonner d'office le placement dans un établissement d'aliénés de tout individu dont l'état d'aliénation *compromettrait l'ordre public ou la sûreté des personnes.* Le projet de loi ajoute : *ou sa propre sûreté.*

C'est là une excellente innovation, inspirée par le sentiment de l'humanité et de l'intérêt du malade; nous ne saurions trop l'approuver; mais nous voudrions aussi que dans tous les départements un aliéné indigent puisse être placé par arrêté du préfet, alors même que son état mental ne compromettrait ni l'ordre public, ni la sûreté des personnes, ni sa propre sûreté, sans que le conseil général y mette obstacle.

A ce propos, nous devons dire qu'à Paris, depuis quelque temps, et sur l'initiative du conseil municipal, un indigent peut ainsi être interné avec les simples formalités du placement volontaire, et être conduit directement à l'asile, sans avoir à subir, ce qui est toujours pénible et même quelquefois dangereux, l'enquête préalable du commissaire de police, et surtout le passage par l'infirmerie du dépôt. Il est, en effet, des malades qui souffrent cruellement de la nécessité de l'intervention de la police, et quand les malades ne sont pas susceptibles d'en être émus, ce sont les familles dont les sentiments en sont froissés.

Il est encore une autre innovation que nous désirerions. Nous pensons qu'il serait très utile qu'un individu atteint d'aliénation mentale pût, lui aussi, être placé d'office, lorsqu'il commet des actes contraires à la décence publique. En effet, un idiot, un imbécile, un dément, peut ne s'être manifesté dangereux ni pour la sécurité publique ni pour sa propre sûreté, au point de vue d'actes de violence, mais n'en être pas moins dangereux à cause de ses impulsions instinctives à la salacité et à l'érotisme, et du cynisme de sa tenue et de son langage. On pourra nous objecter que, dans ce cas, il sera arrêté, poursuivi sous l'inculpation d'outrage public à la pudeur, et alors interné comme aliéné dans un asile. Mais, d'une part, s'il s'agit d'un aliéné reconnu comme tel par tout son voisinage, on usera envers lui d'une grande indulgence, on ne songera pas à le traiter comme s'il était raisonnable et responsable, et, d'un autre côté, si les actes deviennent tels qu'il faille y mettre fin, pourquoi infliger à un irresponsable et à sa famille le déshonneur d'une poursuite judiciaire?

Pour les cas de danger imminent, l'article 19 de la loi de 1838 n'était pas suffisamment explicite. En spécifiant que l'aliéné pourra être envoyé directement à l'asile sur l'ordre du maire ou du commissaire de police, sauf à en référer dans les vingt-quatre heures au préfet, le projet de loi établit, au grand avantage du malade, que son placement aura lieu immédiatement, tandis que maintenant dans certains départements, les asiles ne sont autorisés à l'admettre que sur le vu de l'ordre du préfet, ce qui peut entraîner un délai plein de périls.

Enfin, et c'est là une prescription aussi capitale qu'elle est logique, étant donnée la préoccupation principale qui l'a inspiré, le projet de loi ordonne que les placements d'office ne seront d'abord que provisoires et qu'ils ne deviendront définitifs, ainsi que les placements volontaires, qu'après avoir été l'objet de l'examen du procureur de la République et de la décision de la chambre du conseil.

Cette prescription n'est pas seulement logique de la part des auteurs du projet de loi ; nous pensons qu'elle a pu aussi leur être indiquée par ce fait que presque tous les placements qui ont donné lieu à des réclamations, à des procès, et qui ont ainsi, peu à peu, ému, et nous disons, nous, égaré l'opinion publique, étaient des *placements d'office*. On attaquait le gouvernement et l'administration, on leur reprochait, à tort, suivant nous, d'obéir à des considérations politiques, de recouvrir du masque de la folie des actes et des paroles dont on avait intérêt à nier la vérité, de soustraire ainsi au contrôle de la justice des faits que seule elle avait le pouvoir de juger. Désormais, ces attaques et ces reproches n'auront plus de prétexte, et l'intervention nécessaire des tribunaux fera cesser, espérons-le, des inquiétudes aussi ardentes qu'elles étaient peu fondées.

Nous voici arrivés à la section III : Des condamnés devenus aliénés et des aliénés dits criminels.

Commençons par déclarer combien nous regrettons ce rapprochement des mots *aliénés* et *criminels*, rapprochement dont l'impropriété est très peu diminuée par le correctif *dits* qui les sépare l'un de l'autre. Il nous faut cependant l'employer, d'abord parce qu'il est entré dans l'usage, et ensuite parce qu'il faudrait le remplacer par une longue phrase ; acceptons-le donc pour la vertu de sa brièveté et la commodité de son emploi.

Cette section III renferme les articles 32, 33 et 34.

L'article 32 est ainsi conçu :

« Les condamnés à des peines afflictives et infamantes qui donnent des signes d'aliénation mentale pendant leur emprisonnement sont conduits dans des quartiers spéciaux d'aliénés annexés à des établissements pénitentiaires. »

Cet article consacre légalement l'existence d'un quartier de ce genre encore unique, qui a été annexé en 1876 à la maison centrale de Gaillon et permet d'en construire d'autres, selon les besoins. Ce quartier, dont la création a été très heureuse, rend de réels services. Lorsque ces aliénés sont guéris avant l'expiration de leur peine, ils sont reconduits en prison ; lorsqu'ils sont encore malades à ce moment, ils sont transférés d'abord dans l'asile d'Évreux, d'où ils sont ensuite dirigés sur l'asile du département où ils ont leur domicile de secours.

Il y aura lieu d'examiner s'il ne serait pas mieux de les placer dans un des asiles que l'État se propose de construire pour les aliénés dits criminels. C'est dans ce dernier sens, suivant nous, que la question devrait être résolue, parce que l'expérience a démontré que ces aliénés sont les plus dangereux de tous au point de vue de leur contact avec les autres aliénés de l'asile, et qu'ils doivent être soumis à une surveillance et à un régime exceptionnellement sévères, même plus sévères que pour l'autre classe d'aliénés dits criminels, ainsi que nous l'établirons tout à l'heure.

Examinons maintenant et successivement les dispositions de l'article 33 :

« Les aliénés dits criminels sont ainsi classés : 1° Tout accusé que la chambre des mises en accusation n'aura pas renvoyé devant la cour d'assises parce qu'elle l'aura considéré comme rresponsable par suite de son état mental ;

» 2° Tout inculpé poursuivi pour délit qui aura été relaxé ou qui aura été l'objet d'une ordonnance de non-lieu, comme irresponsable à cause de son état mental. »

Il y a dans ce texte des lacunes importantes qu'il est nécessaire de relever et que nous allons énumérer.

Le paragraphe 2 de l'article 33 ne vise que l'inculpé poursuivi pour *délits ;* il faudrait ajouter l'inculpé poursuivi *pour actes qualifiés crimes,* car quelle que soit la nature de l'inculpation, le juge d'instruction est autorisé par le code à rendre une ordonnance de non-lieu, et n'est pas tenu, en cas d'inculpation de crime, à soumettre le dossier à la chambre des mises en accusation. L'inculpé de faits qualifiés crimes peut donc ne pas dépasser le cabinet de l'instruction, lorsque, sur le rapport de médecins experts, il a été reconnu aliéné et irresponsable ; le paragraphe 2 lui est donc applicable.

Il est un autre cas plus compliqué qui se présente également.

Un individu inculpé de faits qualifiés crimes a été reconnu responsable par le juge d'instruction et par la chambre des mises en accusation. Il comparaît comme accusé devant la cour d'assises. Au cours des débats, il est plaidé que l'accusé était aliéné au moment où il a commis les actes pour lesquels il a été arrêté et poursuivi ; le ministère public peut être ou ne pas être d'accord avec la défense ; quoi qu'il en soit, le jury acquitte. Mais le jury n'a pas à déclarer que, s'il a acquitté l'accusé, c'est parce qu'il l'a reconnu aliéné et irresponsable, et la loi exige que l'accusé acquitté soit mis immédiatement en liberté s'il n'est retenu pour *autres causes ;* par *autres causes,* la loi entend une autre inculpation dont l'accusé pourrait être simultanément l'objet, et on ne pourrait étendre cette restriction au fait que l'accusé est atteint d'aliénation mentale.

Qu'est-ce qui le prouve, en effet, scientifiquement? Un rapport d'experts qui concluait à la folie et dont les conclusions n'auraient été acceptées ni par M. le juge d'instruction, ni par la chambre des mises en accusation. Le cas peut se présenter, mais ce serait bien exceptionnellement, et ce qui est l'ordinaire, c'est que l'inculpé a paru aux magistrats assez sain d'esprit pour être considéré comme responsable, et alors il n'y a pas eu d'expertise. Il peut arriver aussi que le trouble mental de l'accusé, obscur et incertain au moment de l'instruction, se soit aggravé pendant la durée quelquefois longue de la prévention, et soit devenu assez clair pour ne plus laisser de doute possible lors de la comparution devant les assises. En définitive, il existe une forte présomption que l'accusé acquitté est un fou que l'on ne peut rendre à la liberté sans danger pour la sécurité publique, et qu'il est indispensable d'interner dans un asile. A qui appartiendra-t-il d'ordonner cette mesure? Le jury n'a aucune qualité pour intervenir. Le président de la cour d'assises, dans ce cas, ne peut qu'ordonner la mise en liberté de l'accusé acquitté, et on voit quelles pourraient en être les terribles conséquences. Il faudrait donc que le projet de loi comblât cette lacune en conférant au président des assises le droit d'ordonner une expertise médicale avant que l'accusé fût rendu à la liberté.

Si les experts concluaient à la nécessité du placement, le placement serait effectué avec la même procédure que pour les autres inculpés et accusés reconnus aliénés avant leur comparution devant la justice.

D'après ce même article 33, tous les inculpés et accusés reconnus aliénés sont mis à la disposition de l'autorité administrative qui, *après les vérifications nécessaires*, les fait placer, *s'il y a lieu*, dans un asile spécial.

Nous reconnaissons la nécessité de l'intervention de l'autorité administrative, parce que c'est à elle et non à l'autorité judiciaire qu'appartiennent les moyens d'exécution et le pouvoir d'ordonnancer les dépenses, mais nous voudrions qu'on mît quelques restrictions à son mode actuel d'application, dont nous allons montrer les inconvénients, avant d'en proposer un autre qui nous semblerait préférable, et qui rentrerait d'ailleurs dans l'esprit de la nouvelle loi.

C'est sur le rapport d'un ou de plusieurs médecins experts que la justice s'est dessaisie. Lorsque le rapport se borne à constater l'irresponsabilité de l'inculpé ou de l'accusé, sans conclure à son placement dans un asile d'aliénés, celui-ci est immédiatement rendu à la liberté, mais lorsque le rapport conclut à l'internement, il semblerait que le placement dût être fait sans aucun contrôle de l'autorité administrative qui, dans ce cas, est simplement chargée d'exécuter les décisions de la justice.

C'est ce qui a lieu à Paris, à la condition que le rapport, comme tout certificat à fin d'admission, n'ait pas plus de quinze jours de date ; mais le plus habituellement il s'écoule plus de deux semaines entre le jour où le rapport est déposé et le jour où le placement doit avoir lieu. Or, dans ce cas, et aux termes de la loi, l'administration ne peut se servir d'un rapport dont la date est trop ancienne. Elle fait donc procéder par un des médecins de la préfecture à un nouvel examen de l'individu à placer, et il arrive parfois que le résultat de ce second examen n'est pas conforme à celui fait par les experts. Qu'en résulte-t-il? C'est que l'inculpé ou l'accusé reconnu irresponsable et acquitté, n'est pas placé comme aliéné et est rendu à la liberté, ce qui constitue une situation dont chacun comprendra les inconvénients et les dangers, sans qu'il soit besoin d'y insister et à laquelle il est indispensable de mettre fin.

Voici le remède que nous proposons. Le fait qu'il y a eu ordonnance de non-lieu ou acquittement implique que les conclusions des experts ont été adoptées. Pourquoi scinder ces conclusions, et déclarer que seule la question d'irresponsabilité est du ressort de la justice, tandis que la question de l'internement reste à la décision de l'administration?

Vous voulez que l'intervention de la justice soit indispensable pour le placement de l'aliéné; vous avez consenti à ce que, dans les cas ordinaires, cette intervention ne se produisît qu'après le placement, et pour ceux-là nous vous en remercions, mais, à notre tour, lorsqu'il s'agit d'inculpés ou d'accusés reconnus aliénés, c'est-à-dire d'aliénés dits criminels, nous vous demandons que la justice ne se borne pas à intervenir après le placement, mais qu'elle intervienne avant.

Il y aura dans ces cas une double sanction du principe inspirateur de la loi, et cette double sanction sera des plus légitimes vis-à-vis d'individus qui appartiendraient à la justice s'ils n'étaient des malades atteints d'aliénation mentale.

Autant en effet, dans les cas ordinaires, il est précieux que cette intervention ne s'exerce qu'après le placement, autant il est nécessaire et légitime qu'elle le précède, lorsqu'il s'agit d'aliénés dits criminels.

Si cette proposition était adoptée, le retour des faits fâcheux signalés plus haut ne serait plus possible, et on éviterait en même temps toute possibilité de conflit entre le pouvoir judiciaire et l'administration.

Quant à la difficulté provenant de la date trop ancienne du rapport, rien ne serait plus facile que d'y parer. Il suffirait que les mêmes experts fussent chargés d'examiner de nouveau le prévenu, et, s'ils le trouvaient dans le même état que lors de leur premier examen, qu'ils délivrassent un certificat pour son admission dans un asile.

Demandons à ce propos qu'une copie du rapport soit jointe à l'ordre d'envoi dans l'asile d'un aliéné dit criminel ou considéré comme dangereux, afin que le médecin traitant soit informé, dans tous leurs détails, des faits commis par l'aliéné, et qu'il soit ainsi mis à même de prendre toutes les précautions dictées par la prudence.

Voici enfin l'article 31 qui propose une innovation de la plus grande importance, et, suivant nous, de la plus grande utilité.

Actuellement, les inculpés et accusés de délits et de crimes, reconnus aliénés et mis à la disposition de l'autorité administrative, sont placés dans les asiles ordinaires.

Il en résulte des inconvénients et des périls. On ne saurait contester que ces aliénés exigent une surveillance très rigoureuse, en raison même de la nature et des manifestations de leur folie. Or, personne n'ignore que, grâce aux méthodes modernes de traitement, et aux meilleures installations matérielles des établissements, les aliénés jouissent maintenant dans les asiles de beaucoup de liberté, au profit de leur bien-être et de leurs chances de guérison. Cette liberté ne saurait être accordée au même degré à ceux qui se sont montrés dan-

gereux par leurs impulsions et leurs actes, et pour ne pas
établir une distinction, très difficile d'ailleurs, entre malades
du même asile, il faudrait la retirer à ceux qui en jouissent
sans inconvénient. Il faut aussi tenir compte de la responsabilité que l'on assume vis-à-vis des familles et des malades en
ne garantissant pas ceux-ci, autant qu'on le peut, contre des
actes de violence auxquels les expose un semblable contact.
Il est encore d'autres considérations d'ordre purement moral.

Ces différents points ont été longuement examinés. Nous ne
reproduirons pas les discussions auxquelles ils ont donné
lieu. Nous nous bornerons à déclarer que nous sommes absolument partisans de la création d'un ou de plusieurs asiles
d'État pour les aliénés dits criminels.

En cette occasion, nous n'avons qu'à imiter ce qui a été fait
en Angleterre et en Amérique.

Suivant l'exemple de l'Irlande qui avait fondé dès 1850
l'asile de Drumdrum, le premier de ceux qui aient été consa-
crés aux aliénés dits criminels, l'Angleterre a créé à son tour
en 1863 un asile d'État, Broadmoor, spécialement affecté aux
aliénés dits criminels.

Il est dirigé depuis 1870 par M. le docteur Orange, médecin
en chef, assisté de M. le docteur Nicolson. Construit pour recevoir 563 aliénés, sa population est presque toujours au
complet pour les hommes ; du côté des femmes, il y a habituellement quelques vacances. L'ordre le plus absolu y
règne ; même dans les quartiers d'agités, on entend peu de
bruit ; d'aspect, il ressemble aux asiles ordinaires bien tenus ;
la surveillance y est en quelque sorte dissimulée et elle
s'exerce cependant de telle façon que les actes de violence,
les évasions et les suicides y sont extrêmement rares. Il faut
dire aussi, que les employés sont bien choisis, bien rétribués,
qu'ils s'acquittent très bien de fonctions particulièrement dé-
licates et dangereuses, non seulement parce qu'ils ont le sentiment du devoir, mais encore parce qu'ils sont largement
récompensés de leurs peines et que leur avenir est assuré. Ce
n'est que justice d'attribuer l'honneur de l'admirable fonctionnement de l'asile à MM. les docteurs Orange et Nicolson, qui
ne sont pas moins exposés que le personnel sous leurs ordres,

et dont la science est égale au dévouement et au courage (1).

Souhaitons donc, Messieurs, que nous ayons bientôt en France notre Broadmoor.

Nous aurons encore à remercier nos voisins du profit que nous retirerons de leur expérience, et nous appliquerons dans la construction de notre asile d'État les améliorations dont eur exemple a démontré l'utilité.

Il en est une dont nous dirons tout de suite un mot; c'est la nécessité de réserver dans l'asile un ou deux quartiers exclusivement destinés aux condamnés qui se sont manifestés aliénés pendant le temps de leur emprisonnement. Il a été dit plus haut que, de tous les aliénés, ce sont les plus indisciplinés et les plus dangereux; aussi avons-nous déjà réclamé leur placement dans l'asile d'État, lorsqu'à l'expiration de leur peine ils ne sont pas guéris, ou que, par les progrès du mal, ils ne sont pas tombés dans un état d'affaiblissement physique et intellectuel qui les rend inoffensifs. Il va sans dire, en effet, que dans ce dernier cas, ils peuvent sans inconvénients être transférés dans un asile ordinaire.

Quant aux aliénés qui placés dans un asile ordinaire y auraient commis un acte qualifié délit contre les personnes, nous ne pensons pas qu'on doive les conduire dans un asile d'État, ainsi que le propose l'alinéa 2 de l'article 34.

Nous partageons en cela, comme sur beaucoup d'autres points, l'opinion de M. le docteur Constans, qui a publié sur le projet de loi un travail critique où l'on trouve des observations d'une grande justesse et témoignant d'une expérience pratique du service des aliénés (2).

Il serait, en effet, excessif d'assimiler à un aliéné dit criminel et de le traiter comme tel, un aliéné qui aurait donné un coup soit au médecin, soit à un gardien, soit à un de ses camarades de cour ou de dortoir. Les moyens de surveillance et

(1) Voyez, dans les *Annales médico-psychologiques*, novembre 1881, l'article très intéressant et très instructif de notre confrère le docteur Motet, sur Broadmoor.

(2) *Annales médico-psychologiques*, novembre 1883. Aperçus critiques sur les derniers projets de modification à la loi du 30 juin 1838, par le docteur O. Constans, inspecteur général honoraire du service des aliénés.

de répression de l'asile ordinaire doivent suffire dans ces cas. Ce ne serait que lorsqu'il y aurait récidive ou aggravation dans les actes de violence contre les personnes, ou tentatives d'incendie, que l'on pourrait examiner s'il n'y aurait pas lieu de le transférer, avec les formalités légales, à l'asile d'État.

Cet asile spécial devra être exclusivement administré par l'État, et présenter de plus grandes garanties de sûreté qu'aucun autre, tant par son mode de construction que par la rigueur de la surveillance. Afin d'éviter les difficultés financières, et les réclamations possibles des conseils généraux, les départements ne verseront, pour ceux de leurs malades qui y seront placés, que le prix de journée payé par eux dans leur asile ordinaire, l'excédent de dépense étant supporté par l'État. Mais, pour que cette charge ne devienne pas trop lourde et que la population de cet asile ne s'accroisse pas plus que de raison, ceux des aliénés qui, après y avoir fait un séjour plus ou moins long, seront devenus inoffensifs, pourront, à la suite d'une décision ministérielle motivée, être reconduits dans l'asile ordinaire de leur département.

Nous allons traiter maintenant la question de sortie de l'asile dans les différents cas qui peuvent se présenter, en nous arrêtant principalement sur ce qui concerne les aliénés qui se sont manifestés dangereux, alors même qu'ils n'auraient été l'objet d'aucune poursuite judiciaire, et les aliénés dits criminels.

Que le placement ait été volontaire ou d'office, un malade considéré comme guéri est rendu à la liberté, et il peut même quitter l'asile sans être guéri, lorsque sa sortie est réclamée par une des personnes auxquelles la loi attribue ce pouvoir, et que la mise en liberté n'offre de dangers ni pour le malade lui-même ni pour la sûreté publique.

Si le médecin considère comme dangereux un malade dont la famille demande la sortie, il en réfère au préfet qui a le droit de transformer le placement volontaire en placement d'office, et alors la sortie ne peut plus avoir lieu qu'en vertu d'un arrêté préfectoral.

En outre, comme garantie fondamentale que la loi française seule met libéralement à la portée de tous, en vertu de l'article 41, toute personne retenue dans un asile d'aliénés peut s'adresser au tribunal pour demander sa sortie; cette demande peut également être adressée par un parent, un ami, le tuteur ou le curateur.

Le projet de loi donne à l'interdit le droit de présenter lui-même sa requête, sans l'intermédiaire de son tuteur, intermédiaire que la loi de 1838 exigeait, et c'est là une excellente innovation.

Examinons maintenant quelques cas spéciaux.

Un malade dangereux, placé volontairement ou d'office, n'importe, réclame instamment sa sortie; le médecin de l'asile ne croit pas prudent de la lui accorder; le malade s'adresse au préfet, qui, après l'avoir fait examiner par un médecin de son administration et sur l'avis de ce dernier, ordonne la sortie, contrairement à l'avis du médecin de l'asile. Nous pensons que cet état de choses devrait être modifié parce qu'il en résulte de graves dangers, et nous voudrions qu'en pareil cas le renvoi à l'examen de la chambre du conseil (art. 41) fût obligatoire.

Une autre situation peut se présenter: le médecin ne constate plus de symptômes actuels de folie chez un malade qui s'est manifesté dangereux; il semblerait qu'aux termes de la loi, il ne devrait pas le conserver dans l'asile. Cependant il est convaincu que cet aliéné, une fois libre, retombera malade et sera de nouveau dangereux pour lui-même ou pour autrui. Que faire? C'est la question de suspicion légitime de rechûte qui a été longuement discutée devant le Congrès international de médecine mentale de 1878, et qui a été traitée de nouveau par notre honorable collègue, M. le docteur Billod, dans sa très intéressante communication faite à l'Académie le 1er mai dernier.

Nous reconnaissons qu'il y a là une difficulté importante que la loi n'a pas prévue, et que M. le docteur Billod a rendu un véritable service en la rappelant. Nous pensons d'ailleurs qu'il est facile de la résoudre.

Naturellement le tribunal sera saisi. M. le docteur Billod s'émeut à la pensée que la responsabilité du médecin étant reportée au juge, si celui-ci ordonne que l'aliéné déclaré guéri sera maintenu dans l'asile, ce sera le juge chargé de faire exécuter la loi qui la violera. Ce scrupule est assurément des plus honorables, mais il suffit pour dégager la responsabilité de la justice, d'ajouter à la loi un paragraphe inspiré par la formule qui, sur la proposition de M. Barbier, actuellement procureur général près la Cour de cassation, a été adoptée à l'unanimité par le Congrès de 1878 (1).

D'après cette formule, lorsque la sortie d'un aliéné dit criminel est demandée pour cause de guérison, s'il est reconnu que cet individu est légitimement suspect de rechûte, il doit être sursis de droit à sa sortie ; du reste, peut-on véritablement appeler guéri un aliéné qui, presque certainement, dès sa sortie de l'asile, commettra des actes insensés et nuisibles ; il nous semble que le médecin peut non seulement être en paix avec sa conscience, mais qu'il peut même s'attribuer le mérite de servir tout à la fois le malade, sa famille et la société.

Nous ne saurions, à ce propos, trop insister sur la scrupuleuse réserve avec laquelle les médecins devraient autoriser la sortie des aliénés que la forme de leur délire, la nature de leurs impulsions, signalent comme plus particulièrement dangereux.

A Dieu ne plaise que nous taxions nos confrères , médecins des asiles, d'inattention ou de négligence ! Nous savons, d'une part, combien l'état de certains malades est difficile à bien apprécier, combien cet état est modifié par le séjour dans l'asile, combien la tenue et le langage peuvent être en désaccord avec la véritable disposition de l'esprit; nous savons aussi de quelles ruses habiles se servent ces malades, de quelles pénibles instances ils obsèdent les médecins, et nous comprenons qu'après avoir longtemps résisté, on finisse par céder à leurs prières; mais c'est précisément pour parer aux conséquences d'une faiblesse presque inévitable que, suivant nous, les médecins d'asiles devraient être déchargés de la responsabilité de décider seuls du sort de ces malades. Il n'y aurait pas là une atteinte portée à leur autorité morale; ce serait une simple prescription légale qu'ils accepteraient, nous n'en doutons pas, avec empressement, parce qu'elle assurerait à la fois leur tranquillité et celle des malades qui, ne voyant plus en eux les arbitres de leur destinée, renonceraient à leurs quotidiennes récriminations et réclamations.

(1) *Compte rendu du concours international de médecine mentale* tenu à Paris du 5 au 10 août 1878 (Paris, Imprimerie nationale, p. 267).

Si nous demandons que pour ces aliénés le médecin de l'asile n'ait plus seul le droit d'autoriser leur sortie, et que la loi lui impose l'obligation d'en référer à la justice, combien ne le demanderons-nous pas davantage encore pour les aliénés dits criminels !

La folie est une maladie dans laquelle les rechûtes sont extrêmement fréquentes, en admettant même que, dans l'intervalle des accès, la raison redevienne absolument intacte.

Un aliéné qui, au cours d'un accès, aura commis une tentative de meurtre ou accompli un meurtre, est donc exposé, s'il est atteint d'un autre accès, à commettre de nouveaux actes semblables. Cette éventualité devient presque une certitude s'il s'agit d'un épileptique ou d'un alcoolisé. On est donc toujours en présence d'un être éminemment dangereux, même pendant les périodes où la lucidité semble être complète. A envisager cette situation au point de vue de la froide raison et de l'intérêt public, on serait autorisé à penser que la société a le droit de maintenir dans une séquestration perpétuelle le malade qui, libre, est une cause permanente de danger.

D'ailleurs, à l'appui de cette manière de voir, ne pourrait-on pas invoquer l'opinion d'Esquirol qui s'exprime ainsi dans son *Traité des maladies mentales* (t. II, p. 106) : « Les monomaniaques homicides qui ont accompli leur tentative rarement guérissent ; je n'en ai vu aucun ayant consommé un homicide qui ait recouvré la raison. »

C'est du côté de cette opinion que nous inclinons de préférence ; toutefois, nous ne faisons pas difficulté d'avouer qu'elle est peut-être par trop absolue. Aussi ne demandons-nous pas la séquestration perpétuelle pour les aliénés dits criminels qui n'existe d'ailleurs pas en Angleterre, ainsi qu'on le croit à tort, puisque chaque année il sort quelques malades de Broadmoor, mais nous désirons au moins que leur sortie de l'asile soit entourée des précautions et l'objet des mesures de la prudence la plus vigilante, de manière que, dans le cas d'un malheur, on puisse au moins se rendre ce témoignage que tout ce qui était humainement possible a été fait pour l'empêcher. Nous approuvons donc complètement la disposition du projet de loi (paragraphe 2 de l'article 33) en vertu de laquelle tous les aliénés dits criminels ne pourront être mis en liberté que sur une décision de la chambre du conseil, et nous ajoutons qu'il en devra être de même pour les condamnés devenus aliénés pendant qu'ils subissaient leur peine, ces aliénés étant autant, sinon plus dangereux que ceux dits criminels.

Sans craindre qu'on nous reproche d'être trop exigeants, nous demanderons même davantage. Nous sommes tellement émus des catastrophes si fréquentes et si terribles causées par ces aliénés, nous sentons si intimement notre devoir de médecins de les prévenir en y appliquant tous nos soins et toutes nos études, que cette procédure nouvelle, déjà si rassurante, nous semblerait devoir être encore renforcée par l'intervention de l'autorité administrative, dans la forme que nous exposerons tout à l'heure, et à l'endroit de ce travail où nous émettrons le vœu d'une organisation plus large du service des aliénés en France.

Mais avant d'aborder ce sujet, nous dirons d'abord quelques mots de l'article 42 qui propose d'autoriser et de régulariser les congés temporaires et les sorties provisoires à titre d'essai. Ce sont là deux questions différentes qui ne doivent pas être confondues.

En théorie, nous ne sommes partisans ni des congés temporaires, sauf très exceptionnellement, ni des sorties provisoires à titre d'essai.

Pour ce qui est des congés temporaires, nous ne nions pas que pour certains malades, en petit nombre, ils ne puissent présenter quelques avantages, mais nous pensons que le plus souvent ils offrent plus de mauvais que de bons côtés.

Nous en dirons autant des sorties provisoires à titre d'essai. Si l'aliéné est guéri, qu'il quitte définitivement l'asile; s'il ne l'est pas, qu'il y reste encore, avec des adoucissements à sa condition, des distractions, des promenades au dehors, etc. Nous croyons devoir soulever ces objections au point de vue médical. Nous ajouterons que ces sorties provisoires à titre d'essai constituent pour le malade une situation ambiguë et mal définie; mais, d'autre part, nous savons que dans certains départements l'usage de ces sorties à titre d'essai rend des services très réels, eu égard à la facilité de réintégration en cas de prompte rechute, sans qu'il soit besoin d'avoir recours de nouveau aux formalités obligatoires pour l'admission; les familles sont ainsi encouragées à faire un essai qui n'est pas de nature à les effrayer; les malades peuvent même, en certaines circonstances, en tirer bénéfice; nous ne pouvons donc les désapprouver. Du reste, c'est une question que la loi laisse à la décision des médecins, et, dans ces conditions, elle ne peut offrir de vrais dangers.

Nous terminerons l'examen du projet de loi en quelques termes rapides, car nous n'avons plus à passer en revue que des dispositions d'ordre plutôt administratif que médical.

Ainsi, l'article 44 porte qu'en cas d'évasion, l'aliéné pourra, pendant une durée de quinze jours, être ramené à l'établissement, sans qu'il soit besoin de recourir aux formalités ordinaires des placements; ce ne sera qu'après deux semaines écoulées à la suite de l'évasion que ces formalités devraient être remplies à nouveau.

Dans l'article 45, nous relevons cette clause nouvelle que l'administrateur chargé de la gestion des biens d'un aliéné placé dans un asile public ne pourra plus vendre le mobilier de cet aliéné sans l'avis préalable du médecin traitant. On peut apprécier combien cette disposition est excellente et humaine, lorsqu'on a été témoin, comme la plupart d'entre nous l'ont été, de la douleur et de la misère de certains aliénés qui, en sortant de l'asile, ne retrouvaient plus rien du peu qu'ils avaient possédé. Dorénavant, on peut espérer que cette vente du mobilier n'aura lieu que dans les cas d'incurabilité confirmée.

L'article 46 réalise aussi une amélioration. Actuellement, l'administration provisoire des biens d'un aliéné placé dans un asile privé n'est nommé que deux ou trois semaines, en moyenne, après l'entrée du malade. Avec le projet de loi, un délégué, désigné d'avance par le président du tribunal, pourra être immédiatement chargé de prendre en mains la gestion des biens, ce qui évitera une interruption plus ou moins préjudiciable aux intérêts de l'aliéné, mais il importera que cette intervention ne soit ni tyrannique pour les familles, ni intempestive, et qu'elle soit limitée aux cas où elle est réellement nécessaire.

Telles sont, dans leur ensemble, les principales dispositions du projet du loi.

La plupart introduisent dans le régime actuel des améliorations incontestables; d'autres peuvent être discutées et modifiées; quelques-unes, enfin, seront dans la pratique d'une application non exempte de difficultés; mais, en tout cas, elles témoignent de l'attention chaque jour plus grande que l'on apporte au service des aliénés.

Or, ce service n'a pas actuellement une organisation en rapport avec son importance, et on sera étonné d'apprendre qu'il est administré par un bureau du ministère de l'intérieur, lequel bureau ne lui est même pas exclusivement affecté, puisqu'il a aussi dans ses attributions les enfants assistés de toute la France, la protection des enfants du premier âge, les dépôts de mendicité, les sociétés de charité maternelle, les secours aux inondés, incendiés, etc., etc.

En regard de cette situation, disons que l'administration pénitentiaire constitue au même ministère une direction où toutes les affaires sont centralisées, et qui comprend cinq bureaux.

Nous demandons donc pour les aliénés qui sont en France au nombre de 50,000, placés dans les asiles, une organisation analogue à celle qui existe pour les detenus dont le nombre est à peu près le même, et nous émettons le vœu que le service des aliénés constitue à l'avenir au ministère de l'intérieur une branche administrative spéciale et indépendante, à laquelle on pourra d'ailleurs donner le nom de division, de direction ou de direction générale, peu nous importe. Pour ce qui concerne les détails de cette organisation administrative, on pourra consulter avec fruit le mémoire de M. de Crisenoy au sujet de la loi sur les aliénés, mémoire fait avec un grand soin et une réelle connaissance de la question (1).

Nous nous bornerons, quant à nous, à dire comment nous en comprendrions le fonctionnement.

Le projet de loi consacre déjà un heureux retour à la centralisation du service, si déplorablement atteinte par le décret du 25 mars 1852, en décidant que les médecins, les receveurs, les économes des asiles départementaux, ainsi que les médecins

<hr>

(1) Voir *Revue générale d'administration*, 1882.

des quartiers d'hospices, seront nommés par le ministre de l'intérieur.

Il conviendrait d'ajouter ici que les mdéecins seront nommés au concours. Le rétablissement du concours pour la nomination des médecins et des internes des asiles d'aliénés est déjà un fait accompli dans le département de la Seine; nous ne saurions trop nous en féliciter, et nous demandons que cette mesure devienne une prescription légale, appliquée à tous les asiles départementaux.

La nomination par le ministre aura le grand avantage d'introduire une uniformité qui fait jusqu'à présent défaut dans le mode de recrutement, d'avancement et de retraite de tous ces fonctionnaires; le gouvernement sera autorisé à leur demander un service d'autant meilleur, qu'il aura plus fait pour assurer leur position dans le présent et dans l'avenir.

Nous voudrions en outre que toutes les affaires concernant les aliénés vinssent aboutir au ministère de l'intérieur, et qu'en tête du service fût placé un conseil supérieur. Ce conseil serait composé des inspecteurs généraux du service, reconstitués en service spécial et augmentés de nombre, de membres choisis parmi les grands corps de la magistrature, et de médecins appartenant à l'Académie de médecine, à la Faculté ou aux hôpitaux.

A l'examen et à l'approbation de ce conseil seraient soumis les traités passés par les départements pour l'entretien de leurs aliénés, les réglements de service intérieur, comme aussi toutes les mesures à prendre vis-à-vis des aliénés dits criminels et des aliénés dangereux, tant pour décider s'ils devraient être maintenus dans un asile d'État ou transférés dans un asile ordinaire, que pour présider aux formalités judiciaires, eu égard à leurs demandes de mise en liberté. En outre, le conseil supérieur devrait rédiger, chaque année, sur l'ensemble du service des aliénés, un rapport général qui serait présenté au Parlement et inséré au *Journal officiel*.

En plus de ce comité supérieur, on devrait établir, dans chaque département, une commission locale.

Un règlement d'administration publique déterminerait les questions que les commissions locales pourraient décider elles-mêmes, et celles dont la solution serait réservée à la direction centrale et au comité supérieur.

Parmi ces dernières, il est à peine besoin de dire que nous rangeons toutes les demandes de sortie faites par des aliénés dits criminels ou réputés dangereux.

La procédure serait beaucoup plus simple qu'elle ne peut d'abord le paraître.

Une demande de sortie est adressée au tribunal. Le tribunal la transmet à la commission locale, où elle est l'objet d'un premier examen. La commission locale l'envoie au ministère de l'intérieur. Le comité supérieur en prend connaissance, et délègue un des inspecteurs généraux pour se rendre auprès de la commission locale. Un nouvel examen de la demande a lieu. L'inspecteur général délégué, un membre de la commission départementale et le médecin choisi par le tribunal vont à l'asile visiter l'aliéné, et adressent un rapport collectif au tribunal qui statue alors en pouvant s'appuyer sur une série de constatations se contrôlant les unes les autres. Et qu'on ne craigne pas que ces voyages des inspecteurs généraux doivent être très fréquents. D'abord, les demandes de sortie ne sont pas très nombreuses, et alors même qu'elles le seraient, il n'y aurait aucun inconvénient à ce qu'elles ne fussent examinées que tous les trois mois.

Voilà, nous l'espérons, des garanties qui paraîtront suffisantes pour empêcher ou, du moins, rendre beaucoup plus rares les actes de violence, les attentats contre les personnes et les propriétés dont on déplore aujourd'hui la fréquence et qui émeuvent l'opinion publique.

Au point de vue administratif et judiciaire, nous voudrions également que la direction centrale du service des aliénés au ministère de l'intérieur reçût une copie de tous les documents relatifs à tous les aliénés de France, de façon que chacun d'eux y eût son dossier personnel, renfermant les certificats d'admission, de situation, de sortie, de décès, les dates des jugements nommant des administrateurs provisoires, ou des conseils judiciaires, des jugements d'interdiction.

Lorsqu'un aliéné serait placé dans un asile, le directeur de l'asile demanderait, en expédiant le bulletin d'entrée au ministère de l'intérieur, des renseignements sur les antécédents, et, en cas de placements antérieurs, une copie de son dossier, de sorte que les documents du dossier accompagneraient l'aliéné dans les divers asiles où il serait successivement placé.

On pourrait ainsi suivre sans interruption un aliéné depuis le début de sa maladie jusqu'à sa mort. Les tribunaux pourraient se procurer au ministère de l'intérieur les renseignements qui sont parfois d'une si grande utilité à connaître, aussi bien pour les prévenus que pour la justice, tandis qu'aujourd'hui, on ne peut être renseigné; on ignore dans un ressort judiciaire, dans un département, ce qui a lieu dans un ressort, dans un département voisin. — Dans une même ville, à Paris, on ignore au Palais qu'un prévenu a un dossier à la préfecture de police; à la préfecture de police, on ne peut se procurer aucun document sur un aliéné qui a été transféré d'un asile de la Seine dans un asile d'un autre département, parce que c'est à la préfecture de ce département que sont envoyés les certificats ultérieurs au changement. La création de ce répertoire de l'aliénation mentale nous paraîtrait donc devoir rendre de grands services.

Nous n'avons plus qu'à formuler les conclusions que nous devons soumettre à votre appréciation.

Conclusions. — 1° La loi du 30 juin 1838, inspirée par les sentiments les plus élevés d'humanité et de respect de la liberté individuelle, a été un bienfait pour les aliénés. Elle a assuré la protection de leurs personnes et de leurs biens, en même temps qu'elle leur a procuré les soins médicaux dont ils étaient presque complètement privés jusque-là.

Elle ne mérite pas les accusations dont elle a été l'objet, mais on doit reconnaître que, depuis l'époque où elle a été promulguée, certains besoins se sont produits ou se sont développés auxquels elle ne donne pas complètement satisfaction.

2° Parmi les dispositions du projet de loi destinées à remplir ces nouvelles obligations, les unes constituent des améliorations positives à l'état de choses actuel, d'autres peuvent prêter à la critique, certaines, enfin, nous paraissent devoir être, dans la pratique, d'une application difficile; nous devons, en outre, faire remarquer que plusieurs d'entre elles auront pour effet d'augmenter notablement les dépenses de l'État et des départements.

3° Le principe fondamental du nouveau projet de loi est l'intervention de la justice dans toutes les mesures concernant les aliénés. Ce principe est juste. La folie entraîne presque toujours pour celui qui en est atteint la privation plus ou moins complète de sa liberté, en même temps que l'impossibilité de gérer ses affaires et de veiller à ses intérêts. Or, d'après les règles générales de notre droit, c'est à l'autorité judiciaire seule qu'il appartient de suspendre ou de supprimer la liberté individuelle. C'est elle qui, seule aussi, a qualité pour protéger les incapables. Il y a donc un double motif pour que toutes les mesures relatives aux aliénés soient prises par la justice ou soumises à son contrôle.

4° C'est par application de ce principe que le projet de loi assimile à un asile, sous le rapport de la surveillance, toute maison dans laquelle un aliéné sera traité, même lorsque ce sera dans l'intérieur de sa famille, si la proposition de la commission du Sénat est adoptée. — Cette prescription légale, toute nouvelle en France, quoiqu'elle existe déjà dans d'autres pays, est de nature à froisser des sentiments très respectables, mais, en raison des abus qu'elle a pour but de rendre impossibles, nous ne pouvons qu'y souscrire, avec l'espérance qu'elle sera appliquée d'une manière discrète et modérée.

5° Une autre innovation consiste dans l'obligation de présenter à l'avenir deux certificats distincts, ou un certificat signé de deux médecins pour l'admission d'un aliéné dans un asile.

Malgré les difficultés que nous avons signalées à ce propos, nous l'adoptons cependant, parce qu'elle offre une garantie de plus à la liberté individuelle.

6° En vertu d'une disposition nouvelle, tout placement d'un aliéné dans un asile, que ce placement soit volontaire ou d'office, ne sera d'abord que provisoire et ne deviendra définitif qu'après la sanction de la justice; c'est là un corollaire de la pensée principale qui a présidé à la préparation du projet de loi; mais nous avons montré que les moyens proposés pour l'application de ce principe se heurteront à des inconvénients et à de sérieux obstacles; aussi espérons-nous qu'il y sera apporté de notables modifications.

7° Quant aux placements d'office et aux placements d'urgence, nous nous félicitons pour la sécurité publique que le projet de loi les rende plus prompts et plus faciles, et nous n'avons eu qu'à formu'er certains désirs dont nous ne doutons pas qu'il soit tenu compte.

8ᵒ Pour ce qui concerne les condamnés devenus aliénés pendant qu'ils subissaient leur peine, et les aliénés dits criminels, ou ceux considérés comme dangereux, nous sommes absolument partisans de la création d'un ou de plusieurs asiles d'État, et nous n'avons qu'à approuver toutes les garanties d'examen et de contrôle que l'on exigera dorénavant pour la mise en liberté de ces aliénés que la justice pourra seule ordonner.

9ᵒ Nous donnons aussi notre approbation à de nouvelles mesures proposées, soit pour permettre aux interdits de présenter directement à la justice leurs requêtes à fin de mise en liberté, soit pour garantir d'une façon plus efficace la gestion des biens et des intérêts des aliénés.

10ᵒ Enfin, nous demandons que toutes les affaires concernant le service des aliénés soient centralisées au ministère de l'intérieur, et qu'il y soit créé, soit une division, soit une direction, assistée d'un conseil supérieur, dont nous avons indiqué la composition et les attributions et démontré la grande utilité.

Nous voici arrivés à la fin de ce travail; nous avons mis tous nos soins à le rendre digne d'être présenté à l'Académie; puissiez-vous nous accorder ce témoignage que nous ne sommes pas restés trop au-dessous de la tâche dont votre confiance nous a honorés. (*Applaudissements.*)

Imprimeries réunies, A. rue Mignon, 2, Paris